AF246879

DISSERTATION

SUR

LES MIRACLES.

DISSERTATION

SUR

LES MIRACLES,

Pour servir d'éclaircissement au sistême de l'Impuissance des Causes Secondes.

Par Mr. DE KERANFLECH.

A RENNES,

Chez JULIEN-CHARLES VATAR,
Libraire-Imprimeur ordinaire du Roi,
Place Royale, *au Parnasse.*

M. DCC. LXXII.

AVEC APPROBATION.

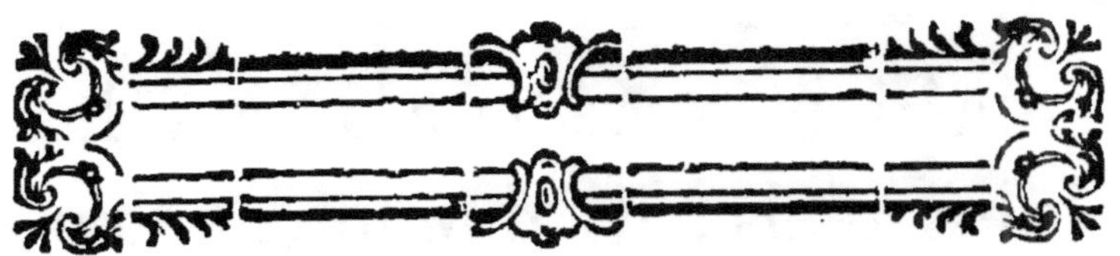

AVERTISSEMENT.

CEUX qui ont traité jusqu'ici de *l'impuiſſance des cauſes ſecondes*, & du ſiſtême philoſophique des *cauſes occaſionnelles*, ſe ſont tous diſpenſés de parler des *Miracles*. Ils ont aparemment conſidéré cette partie comme étrangère à leur objet ; ce qui leur a fait laiſſer cette diſcuſſion à des Écrivains d'un autre genre. Cependant cette même diſcuſſion entroit naturellement dans leur ſujet, puiſqu'en dépouillant les créatures de toute efficace & de toute force, & en n'attribuant qu'au Créateur la production immédiate de tous les effets réels, ils donnoient lieu de demander comment ils concevoient les Miracles, & peut-être de douter si leur philosophie s'accordoit parfaitement sur l'article avec les vérités de la Foi. Je suis donc surpris qu'ils n'aient paru faire aucune attention à ces deux choses : car de là naît, ce semble, une double obligation, pour quiconque affiche le sistême *de l'impuissance des causes secondes* ; 1°. de montrer que cette théorie se peut heureusement apliquer aux Miracles, 2°. de montrer qu'elle s'accorde parfaitement avec les vérités de la Foi. C'est ce que j'apelle *éclaircir ce sistême* * ; &

____

* Ce sistême est d'ailleurs expliqué dans l'*Es-*

ce que je me propose de faire
dans cette Dissertation, dont le
volume n'est guères proportionné
à la grandeur du sujet que j'y
traite.

---

sai sur la Raison, livre 3e., section première,
page 247.

Nota. On trouve l'*Essai sur la Raison*, chez l'Imprimeur de cette *Dissertation*, également que l'*Hypothèse des petits Tourbillons*, in-12. du même Auteur.

DISSERTATION

SUR

LES MIRACLES.

Si c'est Dieu seul qui *fait toutes choses*, nous disent quelques Théologiens, il n'y a plus *de miracles* : car tout effet naturel, dans cette hypothèse, étant l'œuvre de Dieu, & tout miracle l'étant aussi de même ; on n'a plus de quoi distinguer un effet naturel, d'un miracle.

Mais voyez, je vous prie, de quel œil chacun regarde ses propres idées. Nous autres aussi, nous objectons à ces mêmes Théologiens que c'est précifément dans leur opinion qu'on n'a pas de quoi diftinguer un effet naturel, d'un miracle.

Dans leur fiftême, chaque être a fa puiffance. L'ame en a tant ; un démon, tant ; un bon ange, tant ; ainfi du refte. Mais jufqu'à quel point en ont-ils ? C'eft ce qui refte à deviner. Comment donc pouvoir diftinguer l'œuvre de Dieu, de celle des caufes fecondes ? Quand peut-on dire précifément que les caufes fecondes font à bout ; qu'il n'y a, ni ange, ni démon, ni aucun agent créé, qui foit capable de tel effet ? Et, fi l'on ne fçait où fe terminent les forces de la Nature, à quelle marque reconnoîtra-t'on fi tel effet eft un miracle ?

Selon ce même fiftême encore, un effet peut être impoffible à une créature en deux manières ; faute de puiffance dans cette créature, & faute de permiffion de la part de Dieu. Le

premier cas ne se peut reconnoître,
comme on vient de le dire ; le second
est aussi indevinable, sans une révé-
lation expresse : car supofant des forces aux créatures, comment connoître
les cas que Dieu s'est réservés, & quand
précisément il juge ou ne juge pas à-
propos de leur lier les mains ? Voilà
un effet singulier qui arrive devant
moi, un prodige éclatant : passe-t'il la
puissance des causes secondes? Je n'en
sçais rien. Dieu s'est-il réservé tels
effets à lui seul ? Je n'en sçais rien.
Est-ce donc là un miracle ? Je n'en
sçais rien. Qui peut donc être plus
embarrassé, pour le discernement des
miracles, que les *défenseurs* des causes
secondes ?

Laissons les s'en tirer, s'ils le peuvent ; & voyons si de nos principes
nous déduirons, non - seulement de
quoi nous justifier sur cet article, mais
de quoi éclaircir une matière si célè-

bre, qui n'a été traitée jusqu'ici qu'avec aſſez peu de ſuccès.

On peut dire que ce qui a le plus contribué à embrouiller cette queſtion, c'eſt que de tout tems on l'a regardée comme une queſtion théologique; & que quand une fois une queſtion eſt dévolue aux Théologiens, elle eſt ſûre de n'être plus traitée que par autorités & par paſſages. Or les paſſages montrent ſimplement ce que les Auteurs ont dit, & nullement ce qu'ils devoient dire. Les autorités n'éclairent point; & en général cette méthode n'aprend rien à perſonne. Ainſi ces Meſſieurs ont beaucoup écrit, beaucoup diſputé des *miracles*, & ſont néanmoins ſi peu avancés, que lorſque par fois des incrédules, des fanatiques ou autres, leur donnent occaſion d'expoſer ce qu'ils en ſçavent, on voit qu'ils n'ont pas encore arrêté une définition du miracle.

Encore un coup, en théologie, on ne veut pas communément philosopher ; & on en eſt juſtement puni par les embarras où l'on ſe trouve. On traite la phyſique d'inutile ; on néglige la métaphyſique ; & il eſt bien juſte qu'on ignore ce qui doit néceſſairement dépendre d'elles.

De tout tems les Envoyés de Dieu ont prouvé leur miſſion par des miracles. Cela oblige les curieux à trois choſes ; à chercher ce que c'eſt qu'un miracle, à chercher une règle pour diſcerner ce qui eſt miracle de ce qui ne l'eſt pas, à chercher une règle pour juger de l'efficacité des miracles. Qu'eſt-ce qu'un miracle ? Comment connoître un miracle ? Que prouve un miracle ? Voyons ſi nous trouverons, dans nos idées, des réponſes ſatisfaiſantes à ces trois queſtions. Nous tâcherons d'y répondre ſi diſtinctement, qu'on ne pourra nier que no-

tre fiftême, loin de contrarier la doctrine des miracles, ne mette cette
doctrine dans tout fon jour, & ne préfente même à l'efprit la feule voie naturelle de bien déveloper ce qui regarde cette matière.

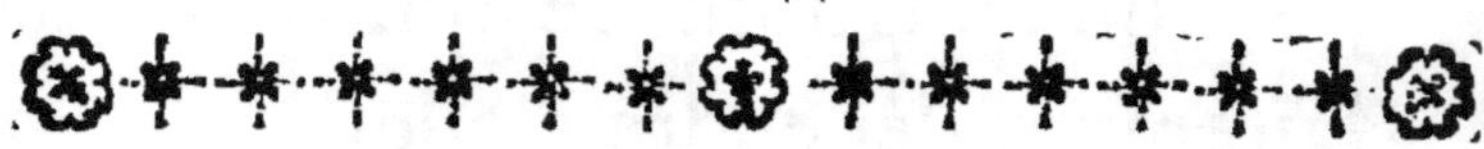

ARTICLE PREMIER.

De la Définition du Miracle.

LE mot de *miracle* fignifie, *mer-
veille* : *miraculum*, *res mira* ou *mi-
randa* ; comme, *fpectaculum*, *res fpec-
tata* ou *fpectanda*. C'eft, à parler en
général, un événement extraordinaire qui furprend & qui *frape*. Mais
cette définition vague, qui eft venuë
d'admiration, &, fi je puis le dire,
de l'étourdiffement qu'ont caufé, dans
les premiers tems, ces événemens ex-
traordinaires, exprime plûtôt ce que

les miracles font par rapport à nous, qu'elle n'exprime ce qu'ils font en eux - mêmes.

Qu'eft-ce donc précifément qu'un miracle, abfolument & en lui-même? La plus ancienne définition eft de ceux qui entendent par *miracle*, *un phéno- mène fupérieur aux forces de la Nature.* Nous ne nous effarouchons pas pour un mot ; & quoique nous foyons per- fuadés que les caufes fecondes n'ont aucune *force*, nous voulons bien rece- voir cette expreffion pour ce qu'elle vaut. Il ne s'agit que de l'évaluer, comme le commerce demande que nous réduifions toute forte de mon- noies à la nôtre. Voici donc, en notre langue, ce que cela veut dire. C'eft qu'un miracle furpaffe *les forces*, facultés, puiffances & vertus que *femblent avoir* les caufes fecondes. Mais la *définition* eft *fauffe* : car il eft faux que les *miracles* furpaffent les *forces*

attribuées aux êtres qui compofent la Nature. Il y a plus de *forces* dans la Nature qu'il n'y en eut jamais d'employées à faire aucun miracle : & en général, fi la Nature ne peut pas produire certains effets, ce n'eft pas faute de *forces* ; c'eft qu'elle agit felon certaines règles, qui font que fon activité eft employée de telle manière, & qu'elle ne peut pas l'être de telle autre. C'eft à quoi il faut bien prendre garde. *La force* qui fait la pefanteur & la confiftance des montagnes, fuffiroit pour les tranfporter ; c'eft la feule direction qui lui manque. Si la mer rouge ne put naturellement s'ouvrir devant Moyfe, ce ne fut pas faute de *forces* ; *la force* qui faifoit en ce lieu la pefanteur des eaux, les eût tout auffi bien foutenues dans les airs. Souvent même il faut moins de force pour opérer ce qu'on apelle des *miracles*, qu'il n'en faut pour continuer le
cours

cours de la Nature. Pour faire couler les eaux d'un fleuve avec une certaine rapidité, il faut une *force* immense : pour les rendre immobiles, il n'en faut point ; il ne faut que cesser de les mouvoir. Ainsi de mille autres choses semblables. Le changement d'une pierre *en fleur*, la multiplication des pains, la résurrection d'un mort, ne demande ni plus de puissance, ni une plus grande quantité *de forces*, qu'il n'en faut pour continuer chaque chose en son état. Il y a autant de puissance employée à conserver la forme de pierre ou d'air, qu'à conserver la forme de *fleur* ou la forme de *pain*, & le reste ; & la même quantité de forces qui est dans les petits tourbillons, qui produisent par leur activité la corruption d'un cadavre, le rétabliroit aisément ; & l'ame y reviendroit aussi facilement qu'elle y étoit venue d'abord, (ce ne seroit

B

qu'une répétition du même cas,) si la Nature n'avoit pas ses règles, qui tournassent *ses forces* d'un autre côté, & la réduisissent à agir de telle façon plûtôt que de telle autre.

Ici je ne demande point à ces Théologiens qui disent que les miracles surpassent les forces de la Nature, qu'ils fassent voir jusqu'où vont ces forces, sans quoi néanmoins ils ne s'entendent pas, & ils tombent dans les inconvéniens que j'ai reprochés ci-dessus aux défenseurs des causes secondes. C'est donner une définition qui ne peut avoir aucun usage, qui ne nous éclaire point, & qui ne nous veut rien dire.

Mais je ne demande pas qu'on l'explique : il est trop visible qu'elle est fausse ; & on ne l'eût jamais adoptée, si, dans les premiers tems, on eût eû connoissance des loix de la Nature. Mais on ne songeoit alors qu'à ses forces ; & quand on voyoit un effet qu'on

ne pouvoit attribuer à la Nature, on
difoit qu'elle ne l'avoit pu produire,
faute de force. Mais depuis qu'on a
remarqué que la Nature obfervoit certaines régles; depuis que l'on a aperçu
qu'il y avoit des loix générales & in-
variables pour le mouvement; une loi
pour l'union de l'ame avec le corps,
&c. on a vu qu'il falloit attribuer à
ces loix l'infuffifance de la Nature pour
la production de tels & tels effets. Car
la Nature ayant la force de remuer
tout l'Univers, il n'y a point de fortes
de mouvement qu'elle ne pût donner
à fes parties ; ; il n'y a point de jeu,
point de figure, qu'elle ne fût capable
de leur faire faire, fi elle ne devoit
garder certaines régles, & fi elle n'é-
toit aftreinte par des loix à agir de telle
manière, & à n'agir pas de telle autre.

Ne difons donc plus qu'un miracle
eft au-deffus des forces de la Nature :
mais difons qu'il eft contre fes régles ;

qu'il eſt contraire à la manière d'agir que l'on obſerve dans la Nature, & voyons encore ſi cette notion eſt la vraie notion du miracle.

Le Père Mallebranche a donné lieu à une belle queſtion de métaphyſique, qu'on n'agitoit point auparavant, ſur la conduite du Créateur dans le gouvernement de ſes ouvrages ; ſur la manière dont il eſt plus convenable que la Divinité gouverne ſes créatures. Il s'agit de ſçavoir s'il convient qu'elle gouverne par des *volontés particulières*, ou, s'il convient qu'elle gouverne ſeulement par des *volontés générales*. Cet Auteur prétend qu'agir par des *voies générales*, par des volontés générales, eſt tellement de l'Être infiniment parfait, & tellement propre de Dieu, qu'il n'y auroit qu'un cas où il pût déroger à cette manière d'agir. Ce ſeroit le cas où il trouveroit plus de gloire à agir par une vo-

lonté particulière. Alors l'ordre éter-
nel, sa régle inviolable, demanderoit
qu'il agît de cette sorte. La raison
de cet Auteur est, qu'agir constam-
ment par des volontés générales, est
une voie infiniment simple, infiniment
majestueuse, une voie qui porte le caractère d'un Dieu, d'une cause générale, universelle; d'un Être si supérieur,
si disproportionné aux autres êtres,
qu'aucun d'eux ne peut mériter d'égard
particulier de sa part; qu'ils n'ont pas
de quoi se distinguer, de quoi être iné-
gaux à ses yeux; enfin, d'un Être si es-
sentiellement suffisant à lui - même,
qu'il n'a besoin, ni des créatures ni de
l'honneur qu'elles lui peuvent faire;
mais qui aime nécessairement ses attributs, qui se glorifie d'être ce qu'il est,
& qui ne peut se départir d'une conduite qui exprime sa grandeur, & dont
chaque trait énonce au-dehors ce qu'il
pense intrinsèquement de lui même.

Ajoûtons que le gouvernement de l'Univers entier par des *loix générales* supofe une prefcience infinie, & que ce même gouvernement par des *volontés particulières* n'en fupofe point. Pour fçavoir que telle loi générale fera fuffifante pour tous les cas, il faut prévoir tous les cas ; au lieu qu'en agiffant à tout moment par des volontés particulières, & en fe ménageant cette reffource pour fubvenir à tous les befoins, on donne à entendre qu'on ne prévoit rien, & qu'on ne fçait ce qui peut arriver. La prefcience divine eft donc plus honorée par les voies générales, que par les autres ; & comme c'eft une notion commune que Dieu n'agit que pour fa gloire, qu'il n'a produit fes créatures, ni par néceffité, ni par befoin, mais pour honorer fes attributs, pour les exprimer au - dehors, & pour les peindre ; il femble qu'en faifant cette fupofition, *que Dieu agit*

ordinairement par des volontés particuliè-
res, on ne le repréfente pas tel qu'il
eft, qu'on le fait agir humainement,
& en être borné ; qu'on s'en pourroit
former, conféquemment, une bien
plus grande idée, & que partant, celle
qu'on en a, eft fauffe.

S'il arrivoit néanmoins un cas, où
il fût plus glorieux pour lui de déroger à l'uniformité & à la conftance
de fa marche, il feroit une exception
à fa régle ordinaire. L'ordre le demanderoit ainfi : mais on ne peut fçavoir fi ce cas eft jamais arrivé, ni s'il
arrivera jamais. Il eft peut-être auffi
fouvent arrivé. . . . . Ceci s'éclaircira
par la fuite.

Après avoir montré *à priori*, par
l'idée de l'Être infiniment parfait, que
Dieu doit agir ordinairement par des
voies générales, le Père Mallebranche prouve fon opinion par l'expé-
rience, & par des faits. On fçait que

le monde matériel eſt gouverné par
des loix générales ; & les Phyſiciens
& les Méchaniciens ne craignent point
de les aſſigner. Toute l'uniformité,
& en même tems toute la variété de
la Nature ; l'ordre réel, & le déſordre
aparent ; les dévelopemens réguliers
des corps organiſés, & les générations
monſtrueuſes ; les utilités, & les inconvéniens ; les beautés, & les diffor-
mités ; les biens, & les maux phyſi-
ques ſont des ſuites de ces loix. Du
reſte, elles ont été portées, pour ce
qu'elles ont d'excellent & de bon,
& non pas pour les inconvéniens qui
peuvent s'enſuivre. Ainſi Dieu veut
poſitivement l'ordre, la *perfection* &
le bien ; & il *permet ſeulement* les dé-
ſordres, les inconvéniens, & le mal.

On ſçait qu'il y a une loi générale
pour affecter l'ame & le corps, l'un à
l'occaſion de ce qui ſe paſſe dans l'autre : car tous les hommes éprouvent
généralement

généralement les mêmes affections dans les mêmes cas ; & le même homme, dans les mêmes circonstances.

Il y a au moins, par la même raison, une loi ou volonté générale pour déterminer la manière dont Dieu agit dans l'ame, pour lui donner ses sentimens, ses mouvemens, & ses idées ; & ce sont les aplications de ces loix générales qui forment toute la suite de nos pensées, de nos affaires, & de notre vie.

Mais c'est surtout dans l'ordre surnaturel qu'il est évident que Dieu se conduit par des volontés générales : car il est clair, par exemple, qu'une Grace dont Dieu prévoit l'inutilité, & après laquelle conséquemment l'homme est encore plus méchant, n'a pas été donnée à cet homme par une volonté particulière. Il en est de même des inconvéniens, & des événemens funestes qui arrivent dans l'ordre de la Grace. Dieu permet ces malheurs, comme il permet les désordres physiques de ce Monde. Mais on ne peut lui attribuer de les vouloir par des volontés spéciales.

Il paroît donc par ces exemples, & par une infinité d'autres qu'on pourroit citer, que l'Univers est gouverné par des loix générales, & qu'ainsi la marche de la Nature est selon de telles loix. Or il ne semble pas difficile, dans une suposition si plausible, de donner une notion distincte, & une définition du miracle. Il n'y a qu'à dire que les miracles font des *exceptions aux loix de la Nature*.

Mais tout le monde ne tombe pas d'accord de l'hypothèse des *voies générales*; & quoique les Sçavans conviennent des loix générales du mouvement, qu'ils reconnoissent une *méchanique*, tant des solides que des fluides; & une loi générale encore pour l'union

de l'ame & du corps ; tous ne conviennent pas néanmoins que Dieu gouverne tout l'Univers par des volontés générales ; & le grand nombre eſt de ceux
qui croient que les phénomènes de la
Nature , la ſanté & les maladies , les
divers accidens , le tonnerre , la pluie,
le beau tems , &c. , ſont des effets iſo-
lés , pour ainſi dire , d'autant de volontés particulières ; & qu'en un mot
l'Auteur de la Nature , comme pour
avoir plus de liberté dans le gouvernement du Monde , & de peur de ſe
lier les mains , n'eſt point allé s'aſſu-
jettir à des loix générales.

Or , ſi la Nature eſt gouvernée par
des volontés particulières , un miracle
n'a rien qui le diſtingue des autres
phénomènes de ce Monde ; & il ne
faut pas dire qu'il eſt contraire aux
règles de la Nature : car , en ce cas , la
Nature n'a point de règles. Un miracle
ſera un effet produit par une volonté

particulière, & chaque phénomène naturel le fera tout de même. Les voilà donc tous dans le même rang.

Il faut donc détruire le fiftême, ou plûtôt, le préjugé commun des *volontés particulières*, avant qu'il foit poffible d'arrêter la définition dont il s'agit. Par bonheur cette opinion commune n'eft nullement foutenable, & tombe d'elle-même. Rien de plus propre à le démontrer que cette matière préfente : car qui dit, *miracle*, dit évidemment quelque irrégularité; une dérogation, une exception à quelque loi. Or, il ne peut y avoir ni irrégularité, ni dérogation à aucune loi, dans l'hypothèfe que *Dieu gouverne par des volontés particulières*, puifqu'il n'y a alors ni règle, ni loi. Ce fiftême conduit donc à cette faufleté, qu'*il n'y a point de miracles*. Donc ce fiftême n'eft qu'un préjugé, dont il convient de fe défaire.

Peut-être voudra-t'on dire que les volontés particulières par lefquelles Dieu gouverne le Monde, font renfermées dans une certaine fphère, & font toujours conformes à une certaine routine; par exemple, qu'elles font conſtamment defcendre les folides, monter la flamme, &c. Alors un miracle fera *l'effet d'une volonté particulière contraire à la routine, ou un phénomène hors de la fphère*, &c. Et moi, je dis qu'alors il arrivera trois chofes.

I°. Il fe pourra faire de vrais miracles au dedans de cette fphère, qui n'auront ni aparence extraordinaire, ni rien de contraire à la routine; & dèflors la définition ne leur conviendra pas. Elle ne conviendra point, par exemple, à une pluie miraculeufe qui tombera comme une autre pluie. Ainfi cette pluie fera un miracle dans l'intention de Dieu; & felon la définition, ce n'en fera pas un; parce

qu'elle fera l'effet d'une volonté particulière, felon la routine naturelle ;
& que tous les effets naturels feront
tout-à-fait dans le même cas.

II°. Perfonne ne fera capable d'af-
figner les bornes précifes de cette même fphére, ni par conféquent de dire
nettement ce que fa *définition* voudra
dire.

III°. En dernier lieu, cette certaine
fphère & cette certaine routine ne
feront que des expreffions vagues, qui
bien évaluées ne fignifieront que le
cours ordinaire de la Nature. C'eft-à-
dire, qu'on a devant l'efprit une allure générale qu'on ne veut pas reconnoître, & qu'on fe fait un point
d'honneur de ne pas apeller par fon
nom.

On en vient donc néceffairement
au fiftême des loix générales. Voyons
s'il nous conduira mieux à la définition
du miracle.

Si toute la Nature est gouvernée par *des volontés générales* ; ce qui se présente d'abord à l'esprit, est de dire qu'un *miracle est une exception à ces loix générales.* Mais une telle définition a encore ses défauts : car , s'il y a des loix générales subordonnées les unes aux autres, ce qui sera une exception à l'une , pourra n'être qu'une suite de l'autre. On en peut donner pour exemples divers mouvemens libres de notre corps, qui font autant d'exceptions aux loix générales du mouvement, & qui ne font néanmoins que des suites de celle de l'union de l'ame & du corps. Tel autre effet pourra être contraire à toutes les loix que nous connoissons , & ne sera encore qu'une suite d'une loi supérieure que nous ne connoissons pas. Cela suposé, comment *définir* le *miracle ?* Dirons-nous que c'est un effet contraire à une loi générale , ou à toutes les loix en général, ou à celles que nous connoiſſons pour loix de la Nature ?

Le premier ne ſe peut pas dire : car ce qui eſt contraire à une loi naturelle, peut être une ſuite d'une autre, & être conſéquemment naturel, puiſqu'il y a des loix naturelles ſubordonnées les unes aux autres. Quant au ſecond & au troiſième, il y a une remarque à faire.

Il eſt bien ſûr que l'idée du miracle emporte une dérogation aux loix générales qui ſont connues : car c'eſt préciſément la dérogation ou l'opoſition à ces loix, qui fait crier, *Miracle.* A plus forte raiſon un effet indépendant de toute loi générale, & qui n'eſt une ſuite d'aucune règle, eſt-il réellement un miracle. Il eſt même, ſi on peut le dire, plus miracle que tout autre.

Laiſſons donc les choſes comme elles ſont ; & nous en tenant au ſiſtême *des loix générales*, qui feul eft vrai, diftinguons deux fortes de miracles : des miracles qui font des effets indépendans de toute loi générale ; nous les nommerons, *miracles abfolus* : des miracles qui font des effets indépendans de ces loix générales, que nous reconnoiffons pour *loix de la Nature* ; nous les apellerons, des *miracles relatifs*.

Il ne s'eft peut-être jamais fait de *miracle abfolu* ; & il ne s'en fera peut-être jamais. L'Auteur de la Nature n'agit point par des volontés particulières, s'il ne trouve plus de gloire à le faire, qu'à fuivre le cours majeftueux de fes loix générales ; ce qui n'eft peut-être jamais arrivé depuis l'exiftence de ces loix, & n'arrivera peut-être jamais. Mais quand cela arriveroit tous les jours , nous ne pourrions pas le fçavoir ; & il eft impoffible que nous difcernions un mi-

racle abſolu, d'un miracle relatif ;
puiſque nous n'avons point une connoiſſance complette des loix générales
qui exiſtent , & des effets qui peuvent s'enſuivre.

Toute notre ſcience , ſur les miracles , eſt donc néceſſairement bornée
aux *miracles relatifs.* Ainſi il ne s'a-
gira que d'eux dans ce que nous di-
rons dans la ſuite.

ARTICLE II.

Du Diſcernement des Miracles.

Quoiqu'ON n'ait pas toujours
analyſé, comme on le fait pré-
ſentement, les loix générales de la Nature , & qu'on ne s'aviſât pas même
anciennement de ſoupçonner qu'il y
eût de ces loix ; on a de tout tems été
au fait de l'allure naturelle du Monde ;

& en un sens on a toujours connu toutes ces loix générales que les Sça-vans reconnoissent aujourd'hui pour loix de la Nature. Sans en avoir une science dévelopée, on étoit tout accoutumé au cours naturel de chaque chose ; & on s'apercevoit, aussi bien qu'à-présent, d'une exception faite aux loix du mouvement, ou d'un changement arrivé à l'union de l'ame & du corps. En un mot, on connut de tout tems, d'une connoissance pratique, ce qu'on connoît maintenant de loix dans la Nature. Il ne s'en découvre pas de nouvelles ; & de tout tems on en a sçu, comme par *infusion* & par instinct, ni plus, ni moins que de nos jours.

Le cours de la Nature est si *uniforme*, elle marche avec une immutabilité si majestueuse & si égale, qu'on y est accoutumé sans le sçavoir, & qu'on en est imbu sans qu'on y pense.

Un payſan ne s'imagine pas ſçavoir les loix du choc : il n'en ſoupçonne pas l'exiſtence ; & il n'a garde conſéquemment de *réfléchir* ſur la connoiſſance qu'il en peut avoir. Mais, s'il va jouer à la boule, il prévoit ce qui réſultera de telle colliſion, & de telle autre. C'eſt qu'il eſt fait à cela, dira-t'on. Oui : mais il y eſt fait naturellement. Car, ſi, avant que de connoître ce jeu, il avoit vu une boule en mouvement choquer directement & avec vivacité une pareille boule en repos, ſans la mouvoir, ou même revenir en arriére, ſans pouvoir déplacer l'autre ; il auroit aperçû incontinent l'irrégularité d'un tel effet, & il ſe feroit dit à lui-même : *Cela n'eſt pas naturel.* Cet homme n'a de notion diſtincte, ni de *loi générale de la Nature*, ni de *loi de percuſſion*, ni de *règle du choc* : mais il en a une connoiſſance d'uſage. Un méchanicien s'expliqueroit mieux, ayant mieux analyſé ſes idées; au lieu que le payſan n'a rien dévelopé, rien diſcuté, ni rien tiré au clair : mais il ſçait implicitement à-peu-près les mêmes choſes; & il eſt, à ſa guiſe, au fait du ſtile & des manières de la Nature.

Or, de tous les tems, tous les hommes ſont ainſi au fait de la Nature. Le cours naturel leur eſt *familier*; & il y eût toujours, ſur cet article, une parfaite reſſemblance entre tous les hommes. Cette reſſemblance vient de deux cauſes, qu'il eſt néceſſaire de bien remarquer.

Iº. La Nature étant gouvernée par des loix générales, conſtantes, *uniformes*, univerſelles; tous les hommes de tous les pays, de toutes les nations, de tous les ſiécles, ont tous vu la même choſe. Ils n'ont tous vu que la même routine, la même conduite de la Nature, la même allure,

& le même stile. De sorte que la
tradition n'a jamais pu varier sur ce
point, & qu'on n'a jamais pu se transmettre que les mêmes mémoires, les
uns aux autres.

IIº. Outre que ces loix générales,
par leur universalité, leur uniformité
& le reste, ont toujours & partout
présenté la même Nature, & le même
spectacle ; ce qui a donné nécessairement, sur les voies naturelles, les
mêmes préjugés à tous les hommes :
le nombre de ces loix qui n'augmente
ni ne diminue, (car il ne se découvre point de nouvelles loix naturelles,
& il ne disparoît aucune des prémières loix connues) ; ce nombre,
dis-je, par sa constance & son immutabilité, est une seconde cause de
la ressemblance qu'on observe ici dans
tout le Monde. Non seulement le
fils n'entend pas dire au père que les
loix primitives aient varié : mais il ne

voit même, ni survenir de nouvelles loix avec le tems, ni disparoître aucune de celles qui furent d'abord. Il est donc nécessaire qu'un homme d'aujourd'hui pense, sur la Nature, comme les anciens ; l'Européen comme l'Américain, comme l'Africain & comme l'Asiatique. Je parle de cette manière de penser qui est comme machinale & innée, qui est une connoissance comme d'instinct ; en un mot, de cette manière de penser qui se trouve dans ceux qui ne pensent point, & qui est par conséquent une leçon naturelle, un préjugé commun à toute l'humanité, un préjugé qui fait un monument de la constance de Dieu dans ses voies, & qui nous prouve plus efficacement que tous les raisonnemens du monde, que les loix naturelles, qui régnent aujourd'hui, ont toujours été ainsi connues, & ne cesseront pas de l'être.

C'eſt - à - dire, que de toutes les loix par leſquelles Dieu, au commencement, réſolut de gouverner le Monde, il ſe fit d'abord un partage : toutes celles qui devoient être connues pour loix naturelles chez les hommes, furent, pour ainſi dire, ſéparées de celles qui ne devoient pas l'être ; & on vit dèſlors, de celles - là, tout ce qu'on en devoit jamais voir ; tandis que celles-ci furent cachées, autant qu'elles devoient jamais l'être.

Or, de cette égalité de connoiſſance, ou, ſi vous voulez, d'ignorance, qui ſe trouve entre nos pères & nous, il ſuit bien manifeſtement que ce qui étoit un miracle pour eux, l'eſt auſſi par raport à nous, & réciproquement. Ce qui eſt tout-à-fait conforme au témoignage, & de l'Ecriture ſainte, & de l'Hiſtoire profane, où nous voyons les gens prendre pour miracle, ce que nous croyons aujourd'hui miraculeux,
&

& où nous voyons qu'à cet égard, la ſuite des hommes, depuis la création juſqu'à nous, ne nous repréſente qu'un ſeul homme, qui auroit vêcu ſix mille ans.

Revenons maintenant à notre ſujet. Que nous diroit donc un tel homme ſur le diſcernement des miracles ? Il nous feroit faire, je m'imagine, l'obſervation ſuivante.

Si nous avions les ſens aſſez ſubtils, & aſſez étendus en même tems, pour diſcerner, en toute occaſion, ſi un effet ſeroit dépendant des loix naturelles, ou s'il ne le ſeroit pas; nous diſcernerions, ſur le champ, s'il ſeroit miracle, ou non. Car ce qui eſt une ſuite de ces loix générales, que nous reconnoiſſons pour loix de la Nature, eſt un effet purement naturel; ce qui n'eſt pas une ſuite de ces loix, eſt un *miracle*. Voilà le principe, en cette matière.

D

Mais, à cause des bornes de nos facultés, & à cause de notre ignorance sur une infinité de choses, il se peut faire, vingt fois le jour, des miracles à nos yeux, sans que nous nous en apercevions. Il peut *s'en faire*, dont nous doutions. Enfin, il peut aussi s'en faire, que nous reconnoissions d'abord. C'est-à-dire, que certains miracles ont une *aparence évidente*; d'autres, une aparence *ambiguë*; & d'autres enfin, une aparence *nulle*, ou, si l'on veut, nulle aparence.

Or, c'est par la seule aparence que nous pouvons discerner les miracles. Donc, 1°. il y en a auxquels personne ne pense : ce sont tous ceux dont l'aparence est nulle. On ne peut pas discerner ceux-là : c'est autant de perdu pour nous.

Je ne doute pas qu'il n'arrive vériblement plus de miracles qu'on n'en remarque. La subordination des loix,

par lesquelles le Monde se gouverne,
peut bien faire qu'une loi générale en-
jambe quelquefois sur une autre, &
que surtout celles dont les esprits dé-
terminent, comme causes occasionnelles, les aplications & les suites, en-
tament souvent la continuité du mé-
chanisme du Monde & des corps.
Ajoûtez à cela l'intervention de l'ordre surnaturel, ou de l'ordre de la Grace, dans lequel les desseins de Notre-
Seigneur, les intérêts du Christianis-
me, tant de prières publiques & particulières pour la conservation des
Etats, pour les biens temporels, pour
les Princes, &c., peuvent occasion-
ner mille dérogations aux loix générales de la Nature, qu'il est impossible
de reconnoître, & dont on ne peut
rien dire. On ne se lasse point d'attribuer à la fortune certaines victoires,
certaines prospérités; mais il faudroit
peut-être les attribuer à quelqu'une

des caufes dont on parle ; furtout , s'il s'agiffoit d'une victoire décifive pour la Religion , ou pour un Etat. Il en eft tout de même de certaines guéri-fons , certains dangers , certaines cala-mités publiques , où la main de Dieu agit fouvent , tandis qu'on n'y voit que celle de l'homme.

2°. Il y a d'autres miracles defquels on doute : car leur aparence eft am-biguë , à caufe de notre pofition , qui nous dérobe la connoiffance complette des loix générales de la Nature, & par conféquent du détail de l'exécution de toutes ces loix. On ne peut encore décider fur ceux - là ; & il faut les négliger , comme les autres.

3°. Mais il y a des miracles évidents, qu'on voit être contraires manifefte-ment à ces loix générales qu'on recon-noît pour loix de la Nature : telle eft la réfurrection d'un mort , la multipli-cation des pains par Notre Seigneur dans le défert, & cent mille autres. Il faut bien remarquer ceux-là. Ce font les feuls qui puiffent fervir.

ARTICLE III.

De l'Efficace des Miracles.

IL eft clair que, pour les miracles dont l'aparence eft nulle, leur efficace eft auffi nulle ; & qu'il les faut regarder comme non avenus.

Ceux dont l'aparence eft ambiguë, font évidemment dans le même cas : car il eft clair qu'un miracle ambigu n'eft bon qu'à augmenter la conteftation ; & s'il n'eft bon qu'à l'augmenter, il ne vaut rien pour la faire finir. Il ne peut donc y avoir de force que dans les miracles évidens : *ce font les feuls qui prouvent.* Mais cela n'eft pas encore fans difficulté : car la Raiſon ne nous aſſure pas qu'il ne ſe puiſſe faire des miracles évidents, pour ſoutenir une mauvaiſe cauſe ; & l'Hiſtoire dit qu'il s'en eſt fait.

Il ſe peut bien faire que des démons aient été autrefois établis cauſes occaſionnelles, pour déterminer l'efficace de quelques volontés générales, ſelon une certaine ſphére ; & que, de cet établiſſement, ils conſervent encore quelque choſe. S'ils ont *quelque puiſſance* naturelle, ce n'eſt qu'en ce ſens-là ; & ils en ont quelqu'une aparemment. Ainſi il n'eſt pas impoſſible que ces eſprits mal-intentionnés occaſionnent encore certains effets, qui ſeront des miracles.

L'Hiſtoire, tant ſacrée que profane, nous raporte qu'ils l'ont fait. Les magiciens de Pharaon, la Pythoniſſe, les Energumènes, qui étoient en ſi grand nombre ; Simon le magicien, Apollonius de Thyane, & autres ſemblables ;

les Ante - Chrifts qui font déja venus, ceux qui viendront encore, &c. tous ces inftrumens de l'enfer font célébres; & leurs œuvres ont toujours tourmenté les imaginations de nos Doctes. Ceux-ci traitent ces œuvres, de *preftiges*, de *vaines* aparences, de *prodiges*; &, quand ils leur ont donné ces noms, ils croient avoir tout fait.

Mais, comme ils ne nous donnent aucune régle pour le difcernement des preftiges, & comme ils ne peuvent partant diftinguer le *véritable* miracle, de *l'aparent*; il leur eft inutile d'allé-guer que ces prodiges quelconques ne font que de fimples aparences, de vaines aparences de miracles, & que les démons ne peuvent opérer que de telles *aparences*. C'eft parler purement en l'air, & fupofer groffièrement tout ce qui eft en queftion. D'ailleurs, ces aparences étant réelles, ces réalités font des phénomènes qu'il s'agit d'expliquer, & qui ne font pas moins des exceptions aux loix naturelles, que les effets qu'on nie. On ne gagne donc rien au change.

Je ne vois donc pas d'autre parti à prendre que d'avouer, avec fimplicité, qu'il fe peut faire de véritables miracles pour foutenir une mauvaife caufe: mais, en ce cas-là, quelle fera déformais l'efficace des miracles? Que prouvent, par exemple, les miracles pour la Religion Chrétienne?

La Religion fe peut confidérer, ou dans fon établiffement, ou dans fa confervation. Dans le premier cas, les miracles ont prouvé la Religion, non pas précifément parce qu'ils étoient miracles; mais par leur fupériorité fur ceux qui fe faifoient contr'elle. Il falloit alors confondre les efforts des démons, par des œuvres fupérieures, qui emportaffent le confentement des peuples, & ne *leur laiffaffent aucun doute.*

doute. Cela étoit de la Providence : aussi lisons - nous que cela s'est fait, & se fait encore journellement dans les pays où il est question d'établir la Religion Chrétienne.

C'est - à - dire, que quand il s'agit de l'établissement de la Religion, un miracle évident quelconque, qu'un miracle supérieur ne dément pas, est efficace : car il seroit de la Providence d'en produire un supérieur, vu la disposition qu'ont les hommes à se rendre à cette sorte de preuve.

Mais, quand il ne s'agit plus que de la conservation du dépôt de la Foi, l'efficace des miracles est nulle. Nous avons une régle infaillible de notre créance, une régle sensible pour distinguer ce qui est catholique de ce qui ne l'est pas. C'est l'autorité de l'Eglise. Si un miracle tend à établir ce qu'elle ne nous dit pas, son efficace est nulle. Si son but est conforme à ce qu'elle nous dit, son efficace est pareillement nulle, en genre de preuve : quant à l'édification, elle est réelle ; car il a toujours un bon effet sur les ames, qu'il porte à Dieu de plus en plus.

En deux mots, les miracles prouvent la Religion, quand il s'agit de l'établir, par leur supériorité sur ceux qui se peuvent faire contr'elle. Quand la Religion est établie, les miracles n'ont plus d'efficace, ni pour, ni contre.

Ainsi donc, quand même aujourd'hui dans l'Eglise Catholique il s'opéreroit un miracle évident, tendant à prouver contre un dogme, ce ne seroit plus par un miracle contraire que Dieu constateroit sa nullité. Il a pris d'autres mesures. Il a une voie beaucoup plus simple, qu'il a préférée à toute autre, pour le gouvernement de son peuple, pour la conservation du dépôt de la Foi, pour vuider tous les différends, & terminer toutes les difputes. C'eft l'autorité infaillible & toujours fenfible de l'Eglife.

Or il eft infiniment plus fimple, & par conféquent plus digne de Dieu, d'avoir établi cette autorité, qui eft UNE VOIE GÉNÉRALE, *pour faire juftice des opinions erronées, & maintenir la faine doctrine*, qu'il n'eût été de venir à tout moment, par des volontés particulières, s'opofer aux œuvres des démons; ou, que d'ôter à ces démons leur puiffance naturelle toutes les fois qu'ils euffent défiré l'employer contre l'Eglife.

Il eft plus fimple, fans contredit, & plus digne d'une caufe générale, d'établir, par exemple, un Tribunal conftant & permanent, *pour faire juftice des mauvaifes actions, & pour maintenir le bon ordre*, que d'ôter, à chaque occafion, l'ufage de la puiffance naturelle à chaque particulier qui va commettre un crime. Et de même que nous voyons que Dieu a réellement préféré cette voie pour remédier au mauvais usage de la puissance donnée aux hommes, *& qu'il leur laisse pour de bonnes raisons ;* de même devons - nous aussi penser qu'il a pris des mesures pareilles, pour obvier aux inconvéniens qui naissent du pouvoir des démons ; *pouvoir qu'il leur donna autrefois pour une bonne fin, & qu'il veut encore leur laisser, parce qu'il sçait en tirer sa gloire.*

En réfléchissant sur l'Histoire, on voit que les esprits réprouvés ont été autrefois *causes occasionnelles* de plus de choses qu'ils ne le font de nos jours ; & de même que l'on peut bien penser que l'ame de l'homme a perdu un grand empire sur son corps, n'étant plus cause occasionnelle que de quelques mouvemens qu'on nomme *libres,* après l'avoir été de bien d'autres ; de même est-il croyable que les démons ont été destitués, depuis la venue de Notre - Seigneur, de la qualité de causes occasionnelles, à l'égard d'un grand nombre d'effets qu'ils ne sont plus les maîtres de produire, l'ordre de la Grace leur ayant causé une perte équivalente, ou analogue, à celle que le péché a causée à l'ame du premier homme ; & c'est dans cette perte même que consiste *cet enchaînement du Prince du Monde*, par la venue de JESUS-CHRIST, dont parlent les Livres Saints.

Il suit de ce qu'on vient d'exposer touchant l'efficace des miracles, qu'il n'est pas si essentiel qu'on se l'imagine ordinairement de démontrer que les scènes scandaleuses que donnent quelquefois les fanatiques, sont des effets purement naturels. Il vaudroit mieux faire voir que tout leur travail, qu'il soit miraculeux ou non, est inutile, & ne prouve rien du tout. On rendroit plus simple la défense de la Religion Catholique. Ces gens se dégoûteroient plûtôt d'une réprésentation qui les tue ; & on épargneroit des soins & de l'argent à ceux qui payent, sous main, ces vils acteurs.

Quant aux miracles qui tendent à prouver quelque fait particulier, comme la sainteté, l'innocence, &c. de quelque personne ; il faut comparer ce qu'ils veulent prouver, avec la doctrine de l'Eglise ? S'il s'y trouve la moindre oposition, ils ne prouvent rien. C'est-à-dire, qu'on peut sçavoir quelquefois quand ils ne prouvent pas : mais on ne peut sçavoir de même quand ils prouvent. Il faut laisser parler l'Eglise.

CONCLUSION.

EN donnant une notion distincte de la nature, du discernement, & de l'efficace des
miracles, sans doute nous avons
éclairci, comme nous nous l'é-
tions proposé, le sistême de l'*impuissance des causes secondes* ; &
nous avons montré, par des raisons directes, qu'il est entiére-
ment conforme à la doctrine de
l'Eglise. Mais nous avons aussi
indirectement & insensiblement
réfuté les déclamations des Incrédules contre les miracles mêmes. Ils en font de plusieurs es-
pèces. Tantôt ils combattent la
vérité & l'existence des miracles ;
tantôt, la possibilité ; tantôt, l'u-
tilité & l'efficacité. J. J. Rous-

seau prétend que des miracles se-
roient indignes de Dieu ; parce
que Dieu, dit-il, par tant d'effets d'autant de volontés particulières, déshonoreroit sa conduite, en dérogeant à la géné-
ralité & à la majesté de ses voies.
La marche immuable & uniforme de la Nature est infiniment
plus divine que des miracles.
Le Vulgaire, ajoûte-t'il, *croit à
l'Evangile, à cause des miracles ;
& moi, j'y crois malgré eux* .....
Mais tout ce langage est sans fon-
dement, dans la suposition de nos
principes ; c'est-à-dire, si l'on
tient que les loix générales sont
subordonnées entr'elles, & qu'une
exception à telle loi est une suite
de telle autre. Car alors Dieu

conserve toujours son caractère de cause générale, & ne cesse point, en faisant des miracles, d'être uniforme & constant dans ses voies. Il n'y a donc rien dans la production des miracles qui soit *indigne* de Dieu. Les miracles sont *possibles*, puisqu'il ne répugne nullement qu'il arrive une exception à une loi générale, ou à plusieurs loix, ou même à toutes. *Il y a eu* des miracles, puisqu'il y a eu de pareilles exceptions, en très-grand nombre. Ils ont d'ailleurs une *utilité*, & une *efficacité* manifeste. 1°. Ils font voir que les loix, que nous apellons *naturelles*, sont des loix *positives*, & nullement nécessaires, & que la Nature a un Maître. 2°. Ils font

voir qu'il y a un *ordre* de choſes, différent de l'ordre naturel;
ou, que ce que nous apellons
la Nature n'eſt pas le ſeul *établiſ-*
ſement qui exiſte; qu'il y en a
quelque autre, ou déjà fait, ou
auquel on travaille encore. 3°. Ils
font voir la vérité de la Religion
Chrétienne, qui nous promet une
autre vie, & la jouiſſance d'un
autre Monde; lequel eſt préciſément cet autre ouvrage, cet autre
établiſſement divin *, qui occupe
actuellement le Sauveur des hommes, & pour lequel il a tout pouvoir au ciel & ſur la terre.

____

* 2 Reg. 7, 13..Eph. 1, 15..Iſa. 45, 13.

FIN.

APPROBATION

DU CENSEUR ROYAL.

J'AI lu, par ordre de Monseigneur le Chancelier, un Manuscrit qui a pour titre, *Dissertation sur les Miracles*, par Mr. de Keranflech, & n'y ai rien remarqué qui puisse en empêcher l'Impression. A Paris, le 18 Avril 1771. *Signé* AUBRY, Curé de S. Louis en l'Isle.